단어 쓰기

KB056622

ABC 워크북

STEP 2

계림북스
kyelimbooks

로 시작하는 단어에는 어떤 것이 있을까요?

airplane

비행기 [ɛ́ərplèin]

ant

개미 [ænt]

angel

천사 [éindʒəl]

apple

사과 [ǽpl]

2

B 로 시작하는 단어에는 어떤 것이 있을까요?

침대 [bed]

bed

가방 [bæg]

bag

해변 [biːtʃ]

beach

곰 [bɛər]

bear

로 시작하는 단어에는 어떤 것이 있을까요?

컵 [kʌp]

cup

케이크 [keik]

cake

자동차 [kɑːr]

car

구름 [klaud]

cloud

4

로 시작하는 단어에는 어떤 것이 있을까요?

책상 [desk]

desk

접시 [diʃ]

dish

오리 [dʌk]

duck

원피스 [dres]

dress

5

로 시작하는 단어에는 어떤 것이 있을까요?

달걀 [eg]

egg

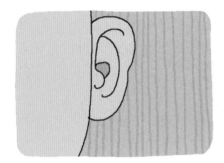

귀 [iər]

ear

지구 [əːrθ]

earth

코끼리 [éləfənt]

elephant

로 시작하는 단어에는 어떤 것이 있을까요?

물고기 [fiʃ]

fish

얼굴 [feis]

face

아버지 [fáːðər]

father

농장 [fɑːrm]

farm

로 시작하는 단어에는 어떤 것이 있을까요?

문 [geit]

gate

유리잔 [glæs]

glass

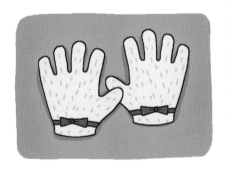

장갑 [glʌvs]

gloves

기린 [dʒərǽf]

giraffe

로 시작하는 단어에는 어떤 것이 있을까요?

언덕 [hil]

hill

horse

말 [hɔːrs]

house

집 [haus]

hat

모자 [hæt]

로 시작하는 단어에는 어떤 것이 있을까요?

아이스크림 [ais kri:m]

ice cream

다리미 [áiərn]

iron

얼음 [ais]

ice

잉크 [iŋk]

ink

로 시작하는 단어에는 어떤 것이 있을까요?

잼 [dʒæm]

jam

재킷 [dʒǽkit]

jacket

뛰다 [dʒʌmp]

jump

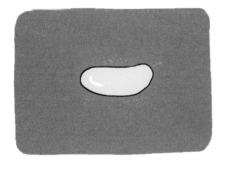

젤리 [dʒéli]

jelly

로 시작하는 단어에는 어떤 것이 있을까요?

열쇠 [kiː]

key

왕 [kiŋ]

king

연 [kait]

kite

칼 [naif]

knife

12

로 시작하는 단어에는 어떤 것이 있을까요?

양 [læm]

lamb

사자 [láiən]

lion

램프 [læmp]

lamp

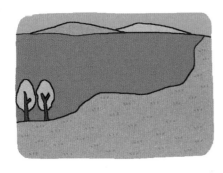

땅 [lænd]

land

으로 시작하는 단어에는 어떤 것이 있을까요?

달 [muːn]

moon

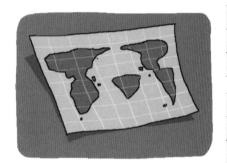

지도 [mæp]

map

거울 [mírər]

mirror

우유 [milk]

milk

으로 시작하는 단어에는 어떤 것이 있을까요?

밤 [nait]

night

간호사 [nə:rs]

nurse

견과 [nʌt]

nut

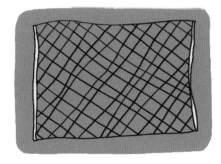

그물 [net]

net

로 시작하는 단어에는 어떤 것이 있을까요?

기름 [ɔil]

oil

onion

양파 [ʌnjən]

ox

소 [ɑ:ks]

owl

올빼미 [aul]

16

로 시작하는 단어에는 어떤 것이 있을까요?

피아노 [piǽnou]

piano

펜 [pen]

pen

연필 [pénsəl]

pencil

돼지 [pig]

pig

로 시작하는 단어에는 어떤 것이 있을까요?

여왕 [kwiːn]

queen

누비이불 [kwilt]

quilt

질문 [kwéstʃən]

question

조용한 [kwáiət]

quiet

18

로 시작하는 단어에는 어떤 것이 있을까요?

로봇 [róubət]

robot

로켓 [rákit]

rocket

라디오 [réidiòu]

radio

밧줄 [roup]

rope

로 시작하는 단어에는 어떤 것이 있을까요?

조개껍데기 [ʃel]

shell

셔츠 [ʃəːrt]

shirt

바다 [siː]

sea

숟가락 [spuːn]

spoon

20

로 시작하는 단어에는 어떤 것이 있을까요?

탁자 [téibəl]

table

택시 [tǽksi]

taxi

테이프 [teip]

tape

탑 [táuər]

tower

로 시작하는 단어에는 어떤 것이 있을까요?

우산 [ʌmbrélə]

umbrella

삼촌 [ʌ́ŋkəl]

uncle

유니폼 [júːnəfɔ̀ːrm]

uniform

못생긴 [ʌ́gli]

ugly

로 시작하는 단어에는 어떤 것이 있을까요?

꽃병 [veis]

vase

계곡 [væli]

valley

조끼 [vest]

vest

바이올린 [vàiəlín]

violin

로 시작하는 단어에는 어떤 것이 있을까요?

창문 [wíndou]

window

손목시계 [wɑtʃ]

watch

벽 [wɔ:l]

wall

늑대 [wulf]

wolf

로 시작하는 단어에는 어떤 것이 있을까요?

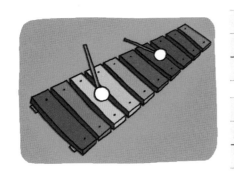

xylophone

실로폰 [záiləfòun]

 로 시작하는 단어에는 어떤 것이 있을까요?

yacht

요트 [jɑt]

 로 시작하는 단어에는 어떤 것이 있을까요?

zebra

얼룩말 [zíːbrə]

알맞은 것끼리 줄로 이으세요.

 · ········· · **airplane** · · 자동차

 · · **bag** · · 비행기

 · · **car** · · 책상

 · · **desk** · · 가방

 · · **egg** · · 물고기

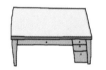 · · **fish** · · 유리잔

 · · **glass** · · 모자

 · · **hat** · · 달걀

알맞은 것끼리 줄로 이으세요.

 · · ice cream · · 잼

 · · jam · · 사자

 · · key · · 아이스크림

 · · lion · · 열쇠

 · · map · · 지도

 · · nut · · 견과

 · · oil · · 피아노

 · · piano · · 기름

알맞는 것끼리 줄로 이으세요.

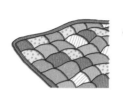

quilt

rocket

spoon

table

umbrella

violin

wolf

zebra

· 탁자

· 누비이불

· 로켓

· 우산

· 숟가락

· 늑대

· 얼룩말

· 바이올린

28

그림을 보고 빈칸의 단어를 완성해 보세요.

 a _ _

 be _

 c _ _

 du _ _

 ear _ _

 fa _ _

 glo _ _ _

 hor _ _

i _ _

 kni _ _

 lam _

 moo _

 nur _ _

 oni _ _

 pen _ _ _

 rad _ _

 she _ _

 wat _ _

여러 가지 동물을 영어로 써 보세요.

개 [dɔ(:)g]

dog

뱀 [sneik]

snake

고양이 [kæt]

cat

호랑이 [táigər]

tiger

여러 가지 간식을 영어로 써 보세요.

차 [tiː]

tea

쿠키 [kúki]

cookie

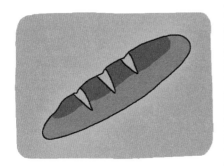

빵 [bred]

bread

주스 [dʒuːs]

juice

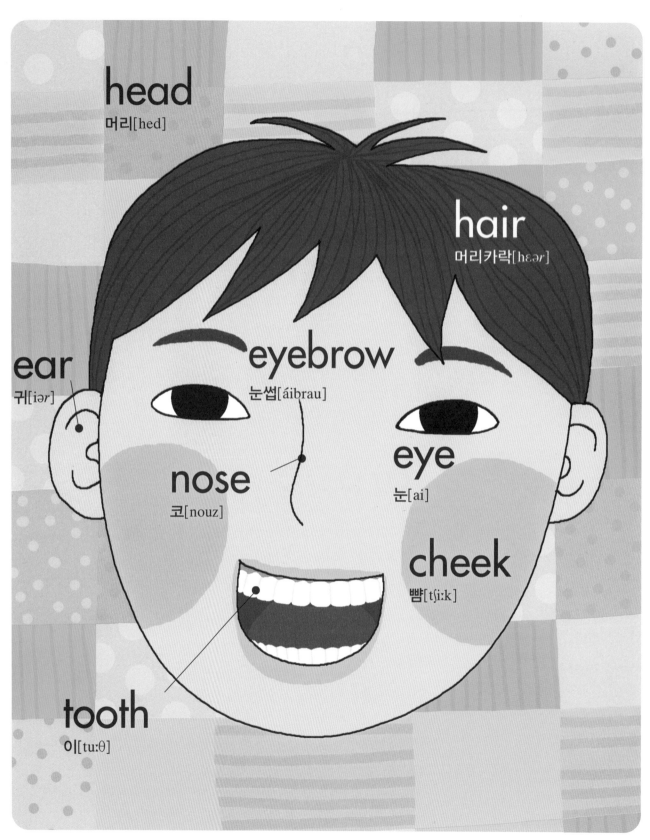

head
머리[hed]

hair
머리카락[hɛər]

ear
귀[iər]

eyebrow
눈썹[áibrau]

eye
눈[ai]

nose
코[nouz]

cheek
뺨[tʃiːk]

tooth
이[tuːθ]

내 얼굴의 이곳저곳을 영어로 써 보세요.

head

eye

eyebrow

hair

ear

nose

tooth

cheek

내 몸의 각 부분은 영어로 어떻게 쓸까요?

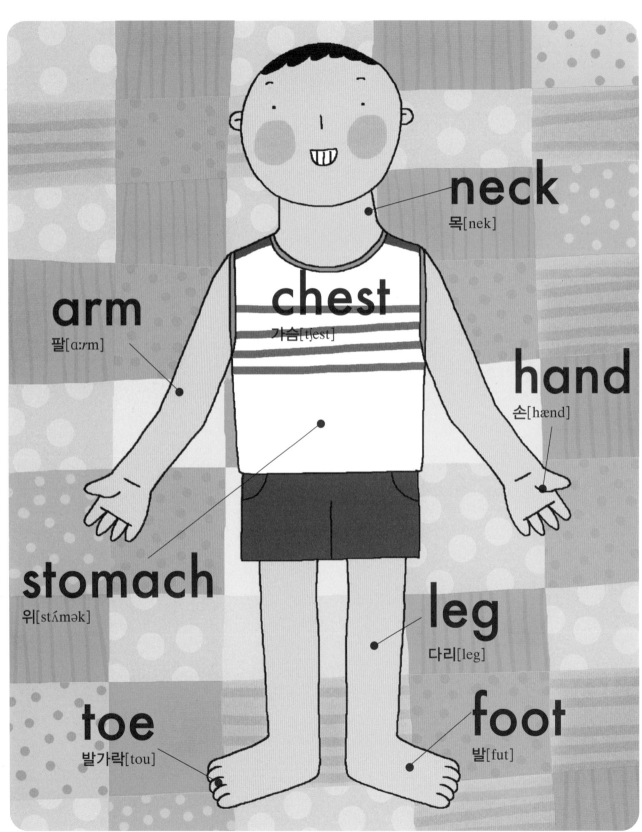

neck
목[nek]

chest
가슴[tʃest]

arm
팔[ɑːrm]

hand
손[hænd]

stomach
위[stʌmək]

leg
다리[leg]

toe
발가락[tou]

foot
발[fut]

내 몸의 이곳저곳을 영어로 써 보세요.

chest

neck

arm

hand

stomach

leg

toe

foot

여러 가지 직업을 영어로 써 보세요.

의사 [dáktər]

doctor

요리사 [kuk]

cook

교사 [tíːtʃər]

teacher

가수 [síŋər]

singer

farmer

농부 [fáːrmər]

fire fighter

소방관 [fáiər fàitər]

driver

운전사 [dráivər]

engineer

기술자 [èndʒiníər]

여러 가지 과일을 영어로 써 보세요.

딸기 [strɔ́:beri]

strawberry

배 [pɛər]

pear

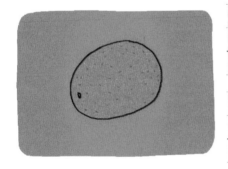

키위 [kíːwiː]

kiwi

수박 [wɔ́ːtərmèlən]

watermelon

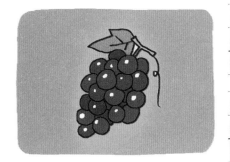

포도 [greips]

grapes

파인애플 [páinæpl]

pineapple

바나나 [bənǽnə]

banana

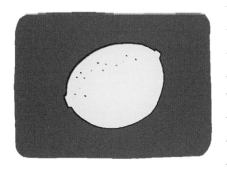

레몬 [lémən]

lemon

여러 가지 숫자를 영어로 써 보세요.

일 [wʌn]　　　이 [tuː]　　　삼 [θriː]　　　사 [fɔːr]　　　오 [faiv]

one　　two　　three　　four　　five

twenty　thirty　forty　fifty　sixty

40

육 [siks]　칠 [sévən]　팔 [eit]　구 [nain]　십 [ten]

six　seven　eight　nine　ten

seventy eighty ninety hundred

여러 가지 요일을 영어로 써 보세요.

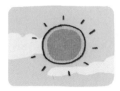 # Sunday

일요일 [sΛ́ndei]

 # Monday

월요일 [mΛ́ndei]

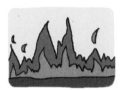 # Tuesday

화요일 [tjú:zdei]

 # Wednesday

수요일 [wénzdei]

 # Thursday

목요일 [θə́:rzdei]

 # Friday

금요일 [fráidei]

 # Saturday

토요일 [sǽtərdei]

각 달의 이름을 영어로 써 보세요.

January

1월 [dʒǽnjuèri]

February

2월 [fébruèri]

March

3월 [mɑ:rtʃ]

April

4월 [éiprəl]

May

5월 [mei]

June

6월 [dʒu:n]

July

7월 [dʒuːlái]

August

8월 [ɔ́ːgəst]

September

9월 [septémbər]

October

10월 [ɑktóubər]

November

11월 [nouvémbər]

December

12월 [disémbər]

계절의 이름을 영어로 써 보세요.

spring

봄 [spriŋ]

summer

여름 [sʌ́mər]

fall

가을 [fɔ:l]

winter

겨울 [wíntər]

날씨를 나타내는 말을 영어로 써 보세요.

warm

따뜻한 [wɔːrm]

cold

추운 [kould]

windy

바람 부는 [windi]

rainy

비가 오는 [réini]

가족들을 영어로 써 보세요.

할아버지 [grǽndfὰːðər]

grandfather

할머니 [grǽndmʌ̀ðər]

grandmother

아빠 [fάːðər]

father

엄마 [mʌ́ðər]

mother

48

형, 남동생 [brʌ́ðər]

brother

누나, 여동생 [sístər]

sister

삼촌, 아저씨 [ʌ́ŋkəl]

uncle

고모, 아주머니 [ænt]

aunt

사람을 나타내는 말을 영어로 써 보세요.

노인 [ould mæn]

old man

어른 [ədʌ́lt]

adult

남자 [mæn]

man

여자 [wúmən]

woman

50

소년 [bɔi]

boy

소녀 [gəːrl]

girl

어린이 [tʃaild]

child

아기 [béibi]

baby

스포츠에 관한 말을 영어로 써 보세요.

테니스 [ténis]

tennis

권투 [báksiŋ]

boxing

축구 [sákər]

soccer

야구 [béisbɔ̀ːl]

baseball

집 안에는 무엇이 있을까요? 영어로 써 보세요.

bathroom

욕실 [bǽθrù(:)m]

bedroom

침실 [bédrù:m]

kitchen

부엌 [kítʃən]

living room

거실 [líviŋ ru:m]

방 안에는 무엇이 있을까요? 영어로 써 보세요.

커튼 [kə́:rtn]

curtain

장난감 [tɔi]

toy

쓰레기통 [træʃ kæn]

trash can

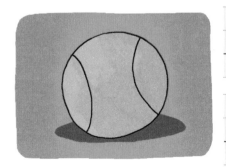

공 [bɔ:l]

ball

우리 동네에는 무엇이 있을까요? 영어로 써 보세요.

병원 [háspitl]

hospital

소방서 [fáiər stèiʃən]

fire station

우체국 [póust ɔ́:fis]

post office

길 [róud]

road

어떤 가게들이 있을까요? 영어로 써 보세요.

미용실 [bjúːti səlán]

beauty salon

신발 가게 [ʃuːz ʃap]

shoes shop

장난감 가게 [tɔi ʃap]

toy shop

빵집 [béikəri]

bakery

여러 가지 동작을 나타내는 말을 영어로 써 보세요.

뛰다 [dʒʌmp]

jump

달리다 [rʌn]

run

서다 [stænd]

stand

앉다 [sit]

sit

57

바다와 관련된 것들을 영어로 써 보세요.

모래 [sænd]

sand

조개껍데기 [ʃel]

shell

파도 [weiv]

wave

수영 [swim]

swim

58

공원에는 어떤 것들이 있을까요?

나무 [tri:]

tree

벤치 [bentʃ]

bench

시소 [síːsɔ̀ː]

seesaw

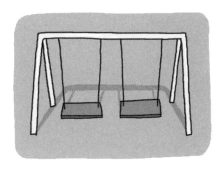

그네 [swiŋ]

swing

각각의 반대말을 영어로 써 보세요.

큰 big   작은 small

big

small

마른 dry   젖은 wet

dry

wet

부드러운 soft

딱딱한 hard

soft

hard

약한 weak

힘센 strong

strong

weak

어린 young

늙은 old

young

old

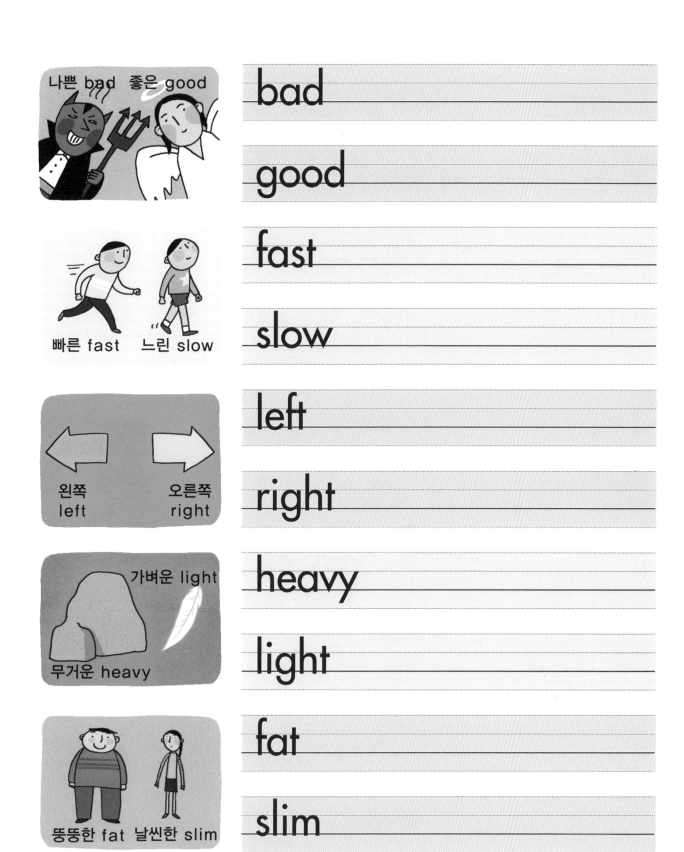

나쁜 bad 좋은 good

bad

good

빠른 fast 느린 slow

fast

slow

왼쪽 left 오른쪽 right

left

right

가벼운 light
무거운 heavy

heavy

light

뚱뚱한 fat 날씬한 slim

fat

slim

61

각각의 반대말을 영어로 써 보세요.

go into

들어가다

go out of

나오다

switch on

켜다

switch off

끄다

turn up

소리를 크게 하다

turn down

소리를 작게 하다

stand up

서다

sit down

앉다

at the top

최고의

at the bottom

바닥의

go into

go out of

switch on

switch off

turn up

turn down

stand up

sit down

at the top

at the bottom

각각의 반대말을 영어로 써 보세요.

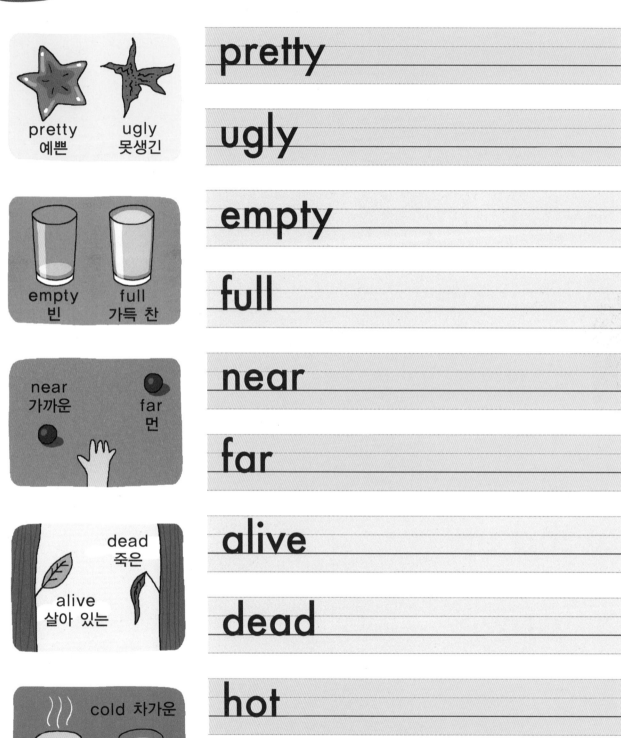

pretty

ugly

empty

full

near

far

alive

dead

hot

cold